AF543940
TYRANNOSAURUS
BRACHIOSAURUS
STRUTHIOMIMUS
MEGALOSAURUS
HETERODONTOSAURUS
CARNOTAURUS
DILOPHOSAURUS
CITIPATI
MICRORAPTOR
MENSCH

DINOSAURIER

LEBENS GROSS

DINOSAURIER LEBENS GROSS

Raimund Frey

COPPENRATH

VORWORT

Auge in Auge mit einem Tyrannosaurus? Einem Triceratops tief in die Augen blicken? Unmöglich! Noch nie hat ein Mensch einem echten Dinosaurier von Angesicht zu Angesicht gegenübergestanden. Über 180 Millionen Jahre bevölkerten die faszinierenden Wesen unseren Planeten, bevor sie vor 66 Millionen Jahren ausstarben – schon lange bevor es die ersten Menschen gab.

Versteinerte Überreste geben uns Aufschluss darüber, wie die Dinosaurier lebten. Knochen, Zähne, Hautschuppen, Federn, Fußspuren und sogar erhaltene Farbpigmente verraten Erstaunliches über ihr Aussehen und Verhalten.

Unser Wissen ist jedoch lückenhaft, da von vielen nur wenige Überreste gefunden wurden. Aber jedes Jahr werden weitere Fossilien entdeckt, die – wie Puzzleteile – unser Bild dieser beeindruckenden Kreaturen ergänzen und immer wieder verändern. Auch während der Entstehung dieses Buches sorgten neue Erkenntnisse dafür, dass einige Bilder überarbeitet werden mussten.

Dinosaurier hatten die unterschiedlichsten Formen und Größen. Einige waren so klein, dass sie hier tatsächlich lebensgroß gezeigt werden können. Die meisten aber waren zu gewaltig für Buchseiten. Deswegen ist von ihnen nur ein Körperteil in Lebensgröße dargestellt, zum Beispiel die Schnauze, ein Fuß oder die Schwanzspitze. Der Rest wurde perspektivisch verkleinert.

Das komplette Tier ist jeweils auf der folgenden Seite abgebildet. Dort sind außerdem einzelne Körperteile in Lebensgröße zu sehen, zum Beispiel das Nasenhorn eines Triceratops oder die Kralle eines Baryonyx.

Übrigens: Nicht alle Dinosaurier sind ausgestorben. Eine Gruppe hat bis heute überlebt, die Vögel. Sie haben sich aus kleinen Raubsauriern entwickelt und gelten als echte Dinosaurier!

INHALT

MEGALOSAURUS bucklandii
Riesenechse

MEGALOSAURUS bucklandii

Riesenechse

STECKBRIEF

Megalosaurus in Zahlen
Länge: 9 m
Gewicht: 900 bis 1500 kg
Zeit: Mitteljura, vor 166 Mio. Jahren
Fundort: England, Europa

Aussehen
Wissenschaftler gehen davon aus, dass der große, schwer gebaute Dinosaurier keine Federn getragen hat. Sein Skelett ist nur unvollständig erhalten, die Darstellung basiert daher teilweise auf Vermutungen.

Nahrung
Mit seinem großen muskulösen Körper war Megalosaurus der Spitzenprädator des damaligen Lebensraums. Er war ein Fleischfresser, zu dessen bevorzugter Beute neben kleineren Arten wie Stegosauriern vermutlich auch größere Sauropoden, zum Beispiel Cetiosaurus, gehörten.

Lebensraum
Megalosaurus lebte in sumpfigen, waldreichen Flussdelta-Gebieten im Bereich des heutigen Englands, das damals aus vielen kleinen tropischen Inseln bestand.

Verhalten
Über das Sozialverhalten des Megalosaurus und anderer Raubsaurier gibt es nur Vermutungen. Die meisten Funde stammen von Einzeltieren. Ob er in Rudeln gejagt hat, ist daher nicht bekannt.

UNBESIEGBAR?

Im Gegensatz zu anderen Räubern, etwa dem später lebenden Tyrannosaurus, hatte Megalosaurus relativ lange Arme. Seine dolchartigen Zähne und scharfen Klauen an Fingern und Zehen machten ihn zu einer Furcht einflößenden Erscheinung. Sein Skelett war massiv und stabil, was darauf schließen lässt, dass Megalosaurus extrem stark und robust war. Als Spitzenprädator hatte der Dinosaurier vermutlich keine natürlichen Feinde.

Fossiler Unterkiefer eines Megalosaurus

UNGLAUBLICH

1815 wurden im englischen Stonesfield riesige versteinerte Knochen gefunden und dem Gelehrten William Buckland übergeben. Der hielt sie für die Überreste einer gewaltigen, fleischfressenden Echse und gab ihr 1824 den Namen „Megalosaurus", „Riesenechse". Damit war Buckland der Erste, der einem Dinosaurier einen wissenschaftlichen Namen gab – und Megalosaurus der erste jemals beschriebene Dinosaurier.

UNERFORSCHT

Obwohl Megalosaurus zu den am längsten bekannten Dinosauriern zählt, weiß man doch recht wenig über ihn. Der Grund: Es wurden nur wenige Überreste gefunden und davon gingen einige wieder verloren. Die Informationen, die wir heute haben, beruhen daher auf wenigen Fundstücken und wurden von verwandten Arten, die besser bekannt sind, abgeleitet.

UNERKANNT

Wissenschaftler vermuten, dass es sich bei dem ersten jemals gefundenen Dinosaurierknochen um den Oberschenkelknochen eines Megalosaurus handelte. Robert Plot, ein englischer Gelehrter, beschrieb das Knochenstück 1677. Damals glaubte man noch, es stamme von einem Kriegselefanten oder einem drei Meter großen Menschen. Leider existiert es heute nicht mehr.

SPEZIALWISSEN

Zu dem Zeitpunkt, als Megalosaurus seinen Namen bekam, gab es den Begriff „Dinosauria" noch nicht. Erst 1841 hat der Wissenschaftler Richard Owen diesen Begriff geprägt und Megalosaurus – zusammen mit Iguanodon und Hylaeosaurus – in diese Gruppe mit eingeschlossen.

CITIPATI osmolskae

Herr des Scheiterhaufens

STECKBRIEF

Citipati in Zahlen
Länge: 3 m
Hüfthöhe: 1,2 m
Gewicht: 50 kg
Zeit: Oberkreide, vor 81 bis 75 Mio. Jahren
Fundort: Mongolei, Asien

Aussehen
Citipati hatte einen bizarr geformten Kopf mit einem helmartigen Kamm. Der Körper ähnelte einem Afrikanischen Strauß und war vermutlich mit Federn bedeckt. Der Schwanz war kurz, die Beine lang und kräftig.

Lebensraum
Citipati war in der Djadochta-Formation in der Wüste Gobi zu Hause. Schon damals gab es hier vereinzelt kleine Oasen und Bäche, die aber nur zeitweise Wasser führten.

Nahrung
Vermutlich fraß Citipati vor allem Pflanzen und kleinere Tiere. Der zahnlose, schnabelförmige Kiefer könnte zum Knacken von Muscheln und Insektenpanzern benutzt worden sein.

Nachwuchs
In einem Nest wurden 22 ovale, ungefähr 18 Zentimeter große Eier gefunden, die zusammen einen Kreis bildeten. Wissenschaftler vermuten, dass die Eltern die Eier ausbrüteten. Vielleicht wurden die Jungen nach dem Schlüpfen auch versorgt und vor Räubern geschützt.

SPEZIALWISSEN

Wie andere Tiere und auch Pflanzen bekommen Dinosaurier meist Namen in lateinischer oder altgriechischer Sprache. Einige Dinosaurier tragen jedoch asiatische Bezeichnungen. Der Name „Citipati“ kommt aus dem Sanskrit, einer alten indischen Sprache.

EIERDIEB?

Citipati gehört zu den Oviraptoriden, was so viel wie „Eierdiebe“ bedeutet. Der Name geht auf den ersten Fund eines Oviraptoriden zurück, dessen Skelett auf einem Nest lag. Lang galt als gesicherte Erkenntnis, der Dinosaurier habe die Eier stehlen wollen. Erst der Fund eines Embryos bewies, dass es sein eigenes Nest war.

BESCHÜTZER

Mehrere Skelette von Citipati wurden in Bruthaltung gefunden. Ein erwachsenes Tier hockte dabei wie heutige Vögel auf dem Gelege und hatte seine Arme darübergebreitet. Deshalb geht man davon aus, dass die Arme wie bei einem Strauß stark gefiedert waren.

Citipati auf seinem Nest

BARYONYX walkeri
Schwere Klaue
Raimund Frey '20

BARYONYX walkeri

Schwere Klaue

STECKBRIEF

Baryonyx in Zahlen
Länge: 7,5 bis 10 m
Gewicht: 1,9 t
Zeit: Unterkreide, vor 130 bis 126 Mio. Jahren
Fundorte: England/Spanien/Portugal, Europa

Aussehen
Als Baryonyx 1983 entdeckt wurde, sorgte sein Aussehen für eine Sensation. Mit seiner langen, krokodilähnlichen Schnauze bot er ein völlig anderes Bild als alle bisher bekannten Raubsaurier.

Lebensraum
Baryonyx lebte in den sumpfigen, überfluteten Ebenen im Europa der frühen Kreidezeit.

Nahrung
Man vermutet, dass Baryonyx auf die Jagd nach großen Fischen spezialisiert war. Wenn sich die Gelegenheit bot, fraß er jedoch auch Landtiere und Aas (= tote Tiere).

Verhalten
Baryonyx hielt sich wahrscheinlich meist in der Nähe von Flussläufen und Gewässern auf. Er bewegte sich auf zwei Beinen fort, konnte sich aber mit seinen Armen abstützen.

KROKODILSCHNAUZE

Der Schädel des Baryonyx war fast einen Meter lang. Die schmale flache Schnauze ähnelte heutigen Gavialen, einer Krokodilart. Zudem war sie extrem stabil und damit gut dafür geeignet, auch große, zappelnde Fische festzuhalten. Sein kräftiger Nacken ermöglichte es Baryonyx, schwere Beutetiere aus dem Wasser zu ziehen.

FANGZÄHNE

Im Kiefer von Baryonyx saßen 96 kegelförmige, sehr spitze Zähne. Mit ihnen konnte er Fische durchbohren und die glitschige Beute festhalten. Zerreißen konnte er die Körper jedoch nicht. Daher gehen Wissenschaftler davon aus, dass Baryonyx seine Nahrung komplett verschluckte.

LAUFBEINE

Baryonyx war ein guter Schwimmer, hielt sich aber wahrscheinlich hauptsächlich an Land auf. Gründe für diese Vermutung: Seine langen Hinterbeine waren für den aufrechten Gang geeignet und seine Nasenlöcher saßen seitlich am Kopf und nicht oben wie bei heutigen Krokodilen. Übrigens hat er einen berühmten, großen Verwandten: Spinosaurus, der noch besser an das Leben im Wasser angepasst war. Er hatte einen Ruderschwanz und Beine, die sich ideal zum Schwimmen eigneten.

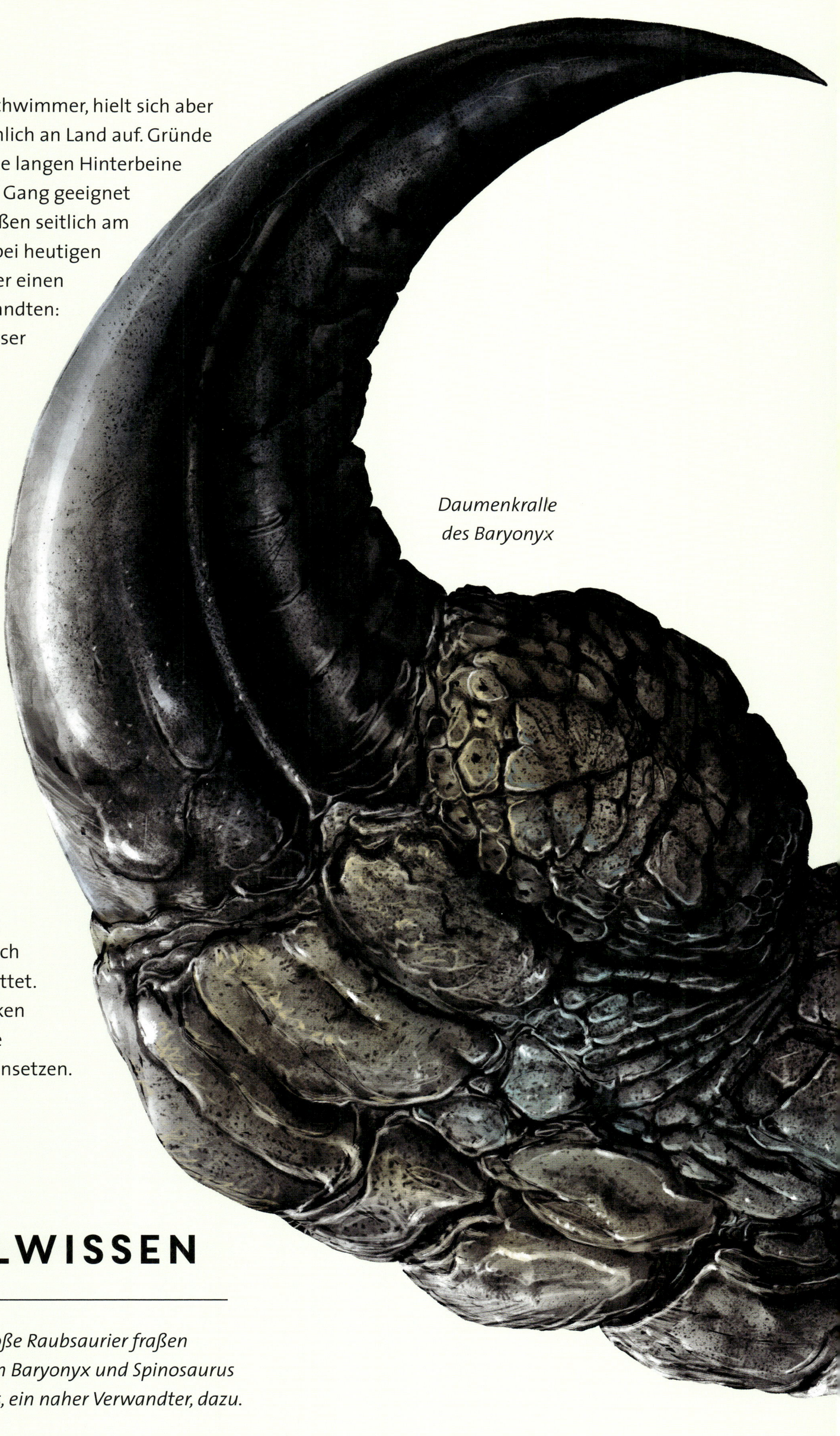

Daumenkralle des Baryonyx

RIESEN-KRALLE

Das Erste, was man von Baryonyx fand, war eine versteinerte, riesige Daumenkralle mit einer Länge von 31 Zentimentern. Beim lebenden Tier muss sie aufgrund einer Keratinschicht noch deutlich größer gewesen sein. Die anderen Finger waren mit ebenso scharfen, wenn auch kleineren Krallen ausgestattet. Aufgrund seiner sehr starken Arme konnte Baryonyx die Krallen mit großer Kraft einsetzen.

SPEZIALWISSEN

Nur ganz wenige große Raubsaurier fraßen hauptsächlich Fisch. Neben Baryonyx und Spinosaurus gehörte auch Suchomimus, ein naher Verwandter, dazu.

STRUTHIOMIMUS altus

Straußennachahmer

STECKBRIEF

Struthiomimus in Zahlen
Länge: 4 m
Hüfthöhe: 1,4 m
Gewicht: 150 kg
Geschwindigkeit: 50 bis 80 km/h
Zeit: Oberkreide, vor 80 bis 70 Mio. Jahren
Fundort: Kanada, Nordamerika

Aussehen
Struthiomimus war ein straußenähnlicher, vermutlich gefiederter Dinosaurier. Der kleine Kopf hatte große Augen und saß auf einem langen Hals.

Lebensraum
Der Dinosaurier durchstreifte weite, von Flüssen durchzogene Flachland-Ebenen im heutigen Nordamerika.

Nahrung
Wissenschaftler vermuten, dass Struthiomimus ein Omnivore war, der mit seinem zahnlosen Hornschnabel sowohl Pflanzenteile und Samen als auch Kleintiere, Weichtiere und Insekten fraß.

LEICHT UND SCHNELL

Die sehr dünnen Beinknochen, der leichte Körperbau und der knöcherne Schwanz, der als Balancierstange diente, machten Struthiomimus zu einem extrem schnellen Läufer. Dadurch hatte er eine gute Chance, Raubsauriern, die sich ebenfalls durch ihre Schnelligkeit auszeichneten, davonzulaufen.

HÄUFIG UND GESELLIG

Struthiomimus war ein „häufiger" Dinosaurier, der in großer Zahl zwischen Ceratopsiern und Ornithopoden unterwegs war. Diese deutlich massigeren, pflanzenfressenden Dinosaurier boten ihm vermutlich einen gewissen Schutz vor Angriffen durch Raubtiere.

SPEZIALWISSEN

Struthiomimus gehörte zu den Ornithomimosauria, was „Vogelnachahmer-Echsen" bedeutet. Umgangssprachlich werden sie auch „Straußenähnliche Dinosaurier" genannt.

Raimund Frey

CARNOTAURUS sastrei

Fleischfressender Stier

CARNOTAURUS sastrei

Fleischfressender Stier

STECKBRIEF

Carnotaurus in Zahlen
Länge: 9 m
Höhe: 4 m
Gewicht: 1,5 bis 2 t
Geschwindigkeit: 48 bis 56 km/h
Zeit: Oberkreide, vor 72 bis 70 Mio. Jahren
Fundort: Südamerika

Aussehen
Der federlose Carnotaurus hatte ein merkwürdig anmutendes Äußeres. Seine Beine waren ungemein kräftig, die Arme dagegen winzig. Die Schnauze war kurz und bullig, der Unterkiefer jedoch schmal. Über den Augen trug er zwei Hörner, nach denen er benannt ist.

Lebensraum
Carnotaurus bevorzugte weite, flache Ebenen in Küstennähe, wo er schnell rennen konnte.

Nahrung
Der „Fleischfressende Stier" ernährte sich wahrscheinlich von mittelgroßen, möglicherweise auch von sehr großen Pflanzenfressern.

Verhalten
Wissenschaftler gehen davon aus, dass Carnotaurus als Einzelgänger lebte.

BEINE

Carnotaurus gilt als einer der schnellsten Raubsaurier überhaupt. Sein Schenkelmuskel nahm 15 Prozent seiner Gesamtkörpermasse ein – so viel wie bei keinem anderen Landtier. Seine extrem kräftigen Beine in Verbindung mit dem stark verknöcherten Schwanz erlaubten Carnotaurus Sprints, mit denen er so gut wie jedes Beutetier einholen konnte. Die einzige Chance, Carnotaurus zu entkommen, bestand in schnellen Richtungsänderungen.

HAUT

Erstaunlich: Obwohl bisher nur ein einziges gut erhaltenes Skelett von Carnotaurus gefunden wurde, liegt den Wissenschaftlern auch fossile Haut verschiedener Körperteile vor. Sie besteht aus vieleckigen, nebeneinanderliegenden Schuppen von etwa fünf Millimetern Durchmesser. Über Hals, Rumpf und Schwanz zog sich eine Reihe von knopfartigen Hautknochenplatten. Vermutlich schützten sie Carnotaurus bei Kämpfen.

SCHÄDEL

Carnotaurus hatte einen extrem kurzen und zugleich hohen Schädel, seine Schnauze war ungewöhnlich rund. Zahlreiche Dornen und Unebenheiten im Gesicht gaben Carnotaurus ein stacheliges, zerklüftetes Aussehen. Seine kleinen Augen lagen in schlüssellochartig geformten Augenhöhlen. Die waren so gekrümmt, dass der Dinosaurier möglicherweise räumlich sehen konnte.

SPEZIALWISSEN

Trotz seiner enormen Größe waren die Arme des Carnotaurus kleiner als die eines Menschen. Besonders beweglich waren sie nicht.

HÖRNER

Carnotaurus ist der einzige bekannte Raubsaurier mit großen Hörnern. Möglicherweise waren sie bunt gefärbt und spielten eine Rolle bei der Partnerwerbung. Denkbar ist auch, dass rivalisierende Bullen sie im Kampf gegeneinander einsetzten. Wie bei Triceratops waren die Hörner wahrscheinlich mit einer Keratinschicht überzogen. Das heißt, sie könnten länger und auffälliger geformt gewesen sein als hier dargestellt.

Horn des Carnotaurus

ARCHAEOPTERYX lithographica

Uralte Schwinge

STECKBRIEF

Archaeopteryx in Zahlen
Länge: 50 cm
Spannweite: bis 60 cm
Gewicht: 1 kg
Zeit: Oberjura, vor 147 Mio. Jahren
Fundort: Deutschland

Aussehen
Archaeopteryx war ein rabengroßer gefiederter Dinosaurier mit abgerundeten Schwingen und einem langen, befiederten Schwanz. Trotz seines vogelähnlichen Aussehens hatte er keinen Schnabel, sondern ein Maul – voller kleiner scharfer Zähne.

Lebensraum
Das Süddeutschland im Oberjura war größtenteils von warmen Meeren bedeckt und lag näher am Äquator als heute. Archaeopteryx lebte hier auf einem kleinen tropischen Inselarchipel.

Nahrung
Als Raubsaurier ernährte er sich wahrscheinlich von kleinen Säugetieren, Reptilien und Insekten.

Verhalten
Wahrscheinlich lebte Archaeopteryx ähnlich wie eine Elster sowohl auf Sträuchern als auch auf dem Boden.

SPEZIALWISSEN

1860 wurde zum ersten Mal eine versteinerte Feder entdeckt. Forscher ordnen sie heute Archaeopteryx zu und vermuten, dass sie sich fürs Fliegen eignete.

LANGE FEDERN

Das erste versteinerte Skelett von Archaeopteryx wurde 1861 in der Nähe von Solnhofen in Bayern gefunden. Die Forscher staunten nicht schlecht, als sie merkten, dass es sich um ein Tier handelte, das einerseits typische Dinosauriermerkmale wie spitze Zähne und einen langen Schwanz besaß und andererseits mit seinen Flügeln und seinem Federkleid an einen Vogel erinnerte. Archaeopteryx wird umgangssprachlich „Urvogel“ genannt, was so jedoch nicht stimmt: Schon vor ihm existierten echte Vögel.

GROSSES GEHIRN

Das Gehirn von Archaeopteryx war im Verhältnis zu seinem Körper größer als bei vielen anderen Dinosauriern. Die Bereiche für das Sehen, das Hören und das Zusammenspiel der Muskeln waren besonders gut ausgebildet – Grundvoraussetzungen für das Fliegen.

GEEIGNETE FLÜGEL

Früher gingen Forscher davon aus, dass Archaeopteryx auf Bäume kletterte und sich von dort abstieß, um durch die Luft zu gleiten. Inzwischen hat sich jedoch gezeigt, dass er genauso asymmetrische Federn an den Schwingen trug wie heutige Vögel. Daher war Archaeopteryx wohl doch dazu in der Lage, zumindest flatternd zu fliegen.

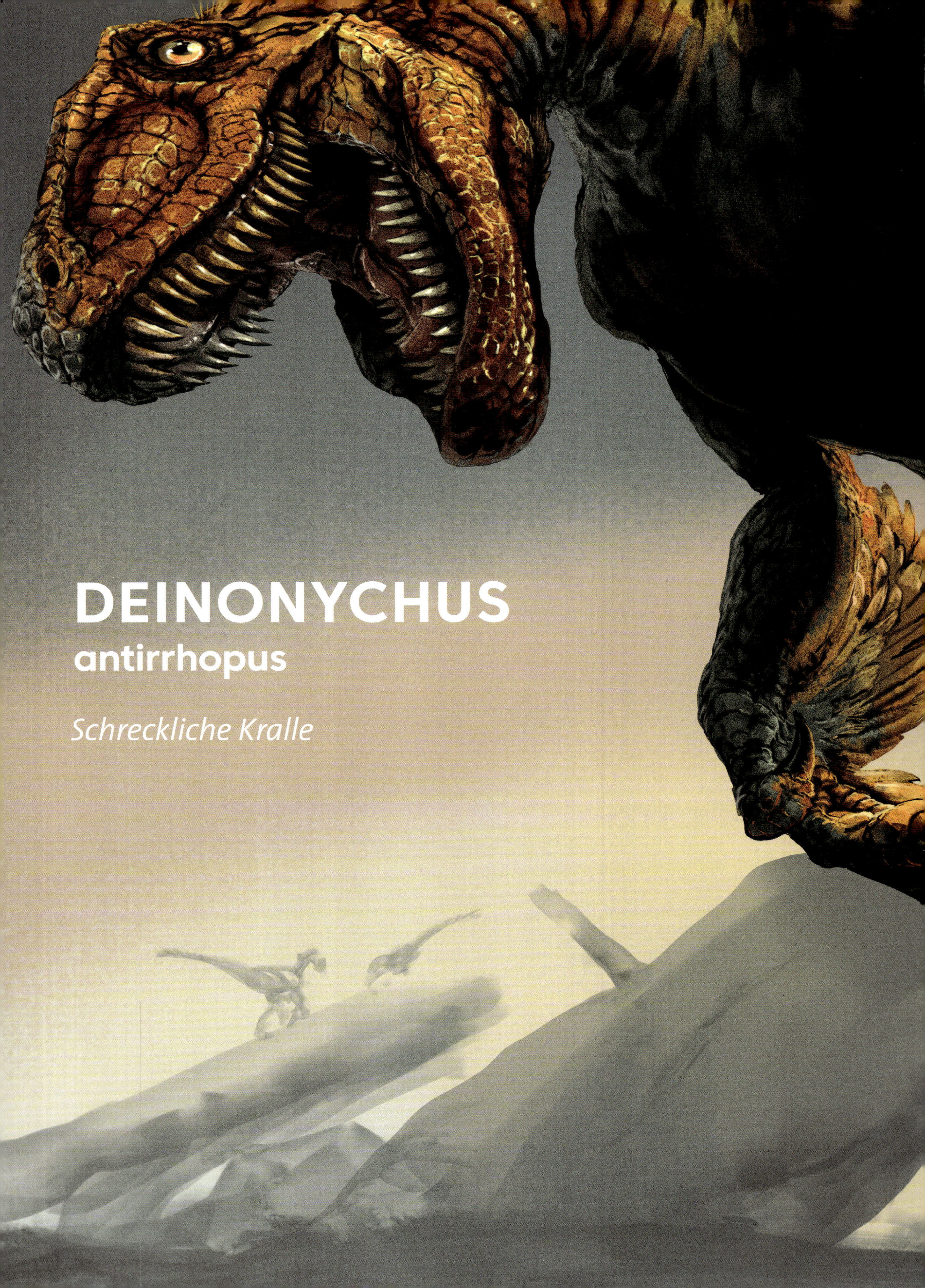

DEINONYCHUS
antirrhopus

Schreckliche Kralle

DEINONYCHUS antirrhopus

Schreckliche Kralle

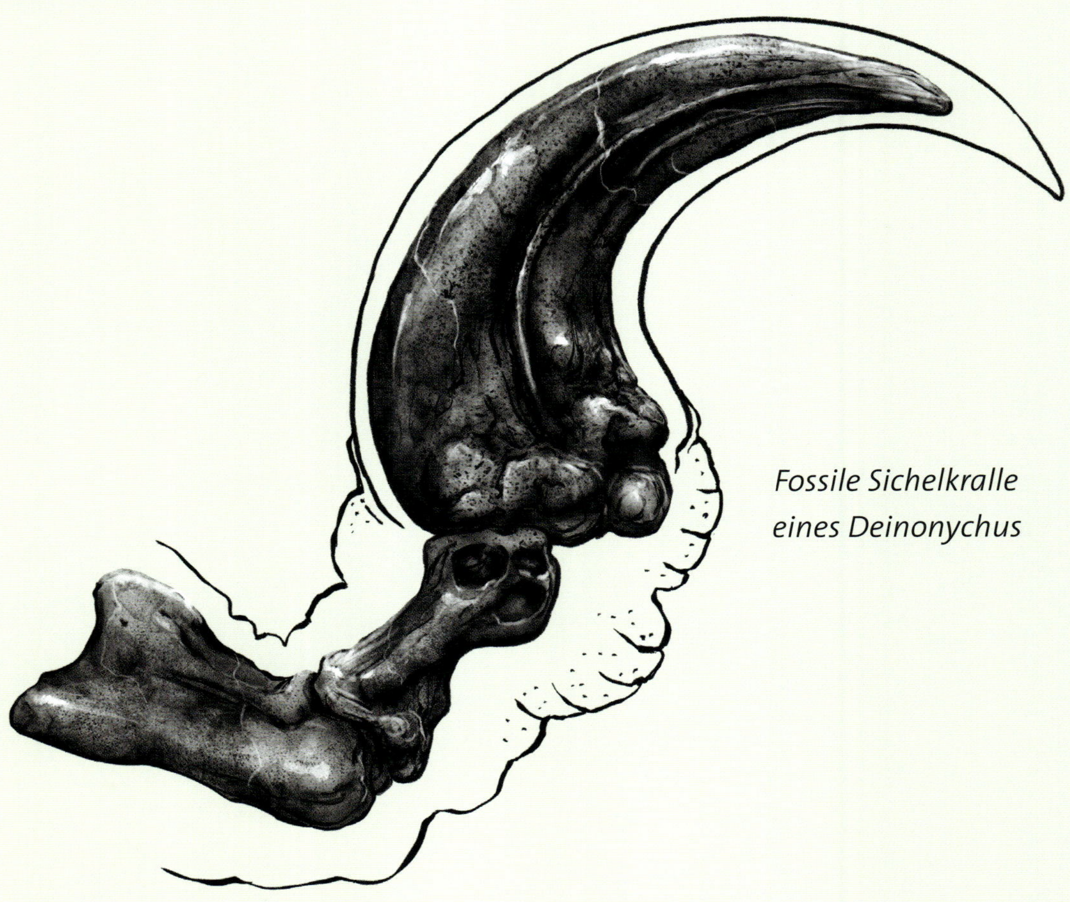

Fossile Sichelkralle eines Deinonychus

STECKBRIEF

Deinonychus in Zahlen
Länge: 3,5 m
Höhe: bis 1,70 m
Gewicht: bis 70 kg
Geschwindigkeit: bis 60 km/h
Zeit: Unterkreide, vor 115 bis 108 Mio. Jahren
Fundort: Nordamerika

Aussehen
Deinonychus war ein zweibeiniger, leicht gebauter Theropode mit sehr langen Armen und kräftigen Beinen. Insgesamt wirkte er grazil, elegant und bewegungsfreudig – und stellte damit das Bild vom plumpen, schwerfälligen Dinosaurier auf den Kopf, das bis in die 1960er Jahre hinein existierte.

Lebensraum
Auen, Sümpfe, subtropische Wälder, Flussdeltas und Lagunen in Nordamerika – hier war Deinonychus zu Hause.

Nahrung
Wie alle Dromaeosauriden war Deinonychus ein Fleischfresser. Er jagte kleinere Tiere, attackierte aber ebenso Dinosaurier, die ihm in Größe und Gewicht überlegen waren.

Verhalten
Wahrscheinlich hielt Deinonychus seine Beutetiere wie ein Adler mit den Krallen am Boden fest, während er sie lebendig verzehrte. Er jagte einzeln oder im lockeren Verband.

Nachwuchs
Wissenschaftler vermuten, dass Deinonychus seine Eier ausbrütete. Möglicherweise versorgten die Eltern ihre Küken nach dem Schlüpfen wie heutige Vögel.

SPEZIALWISSEN

Auch heutige Uhus und Falken haben Sichelkrallen. Sie dienen zum Klettern und verhindern, dass die Vögel im Schlaf vom Baum fallen. Vermutlich waren auch Deinonychus und seine Verwandten gute Kletterer.

SICHELKRALLE

Deinonychus ist bekannt für seine vergrößerte Sichelkralle, die „schreckliche Kralle", nach der er benannt ist. Sie befand sich jeweils auf der Innenseite der Füße. Beim Laufen berührte sie nicht den Boden, sondern blieb hoch aufgerichtet. Entgegen früheren Theorien konnte Deinonychus seine Beute damit nicht aufschlitzen. Stattdessen benutzte er seine Kralle wie ein Steigeisen, um an Beutetieren hochzuklettern und sie dann mit den Zähnen anzugreifen.

KAMPFKIEFER

Der Kopf war wie bei einem Raubvogel für die schnelle Jagd auf kleinere Tiere gebaut. Die schmale lange Schnauze und die kräftigen Kiefer mit 70 messerscharfen Zähnen besaßen eine hohe Beißkraft. „Schädelfenster", große Hohlräume in den Knochen, reduzierten das Gewicht des Kopfes.

GREIFARME

Deinonychus gehörte zu den „Maniraptora", was so viel bedeutet wie „Räuber, die mit den Händen greifen". Wissenschaftler sind davon überzeugt, dass seine langen Arme mit starken Muskeln besetzt waren. Die Finger endeten in gebogenen, scharfen Krallen, die perfekt zum Greifen und Festhalten von Beutetieren geeignet waren.

FEDERKLEID

Von Deinonychus gibt es keine Funde fossiler Haut und damit auch keinen direkten Beweis für ein Gefieder. Da aber so gut wie alle seine Verwandten, auch der „ältere" Microraptor, eindeutig ein Federkleid besaßen, geht man davon aus, dass auch Deinonychus dementsprechend ausgestattet war. Sein Federkleid half dem Dinosaurier vermutlich dabei, bei der Jagd und beim Laufen das Gleichgewicht zu halten.

SALTASAURUS loricatus

Echse aus Salta

STECKBRIEF

Saltasaurus in Zahlen
Länge: 12 m und mehr
Gewicht: ca. 7 t
Zeit: Oberkreide, vor 70 bis 65 Mio. Jahren
Fundort: Argentinien, Südamerika

Aussehen
Saltasaurus gehört trotz seiner geschätzten Länge von über 12 Metern zu den kleineren Sauropoden. Mit seinem extrem breiten, gepanzerten Körper, dem mächtigen Hals und dem peitschenartigen Schwanz war er trotzdem eine beeindruckende Erscheinung.

Lebensraum
Am Ende des Juras starben die riesigen Sauropoden Nordamerikas aus. Die Sauropoden Südamerikas, eines Inselkontinents, existierten dagegen weiter und blieben zunächst die vorherrschenden Pflanzenfresser.

Nahrung
Auf Saltasaurus' Speiseplan standen saatentragende Farne, Ginkgos und andere mittelhohe Bäume und Sträucher.

Verhalten
Saltasaurus war wahrscheinlich ein friedlicher Geselle, der in kleinen bis mittelgroßen Herden lebte.

GUT GESCHÜTZT

Als Ausgleich für seine relativ geringe Größe hatte Saltasaurus einen besonderen Schutz gegen Raubtiere: Sein Rücken und die Flanken waren mit Reihen von Panzerplatten bedeckt. Sie bestanden aus handflächengroßen Schuppen, die zackenartig geformt oder mit Stacheln besetzt waren. Dazwischen saßen kleine, etwa fingernagelgroße Mini-Panzerplättchen.

SCHNELL GEWACHSEN

Das Saltasaurus-Weibchen grub mit seinen Füßen eine flache Mulde ins Erdreich und legte zwischen 15 und 40 vergleichsweise kleine Eier hinein. Beim Schlüpfen waren die Küken etwa so groß wie eine Katze und wuchsen dann schnell heran. Ein erwachsenes Tier wog über 3000-mal so viel wie ein Junges.

SPEZIALWISSEN

Selbst die größten Dinosaurier legten verhältnismäßig kleine Eier. Der Grund: Damit Sauerstoff die Eierschale durchdringen kann, muss sie möglichst dünn sein. Wäre das Ei sehr groß und schwer, würde die Schale zerbrechen.

TYRANNOSAURUS rex

König der Tyrannenechsen

TYRANNOSAURUS rex

König der Tyrannenechsen

STECKBRIEF

Tyrannosaurus in Zahlen
Länge: bis zu 13 m
Gewicht: ca. 9 t
Geschwindigkeit: ca. 30 km/h
Zeit: Oberkreide, vor 68 bis 66 Mio. Jahren
Fundort: Nordamerika

Aussehen
Tyrannosaurus hatte eine massige Statur mit tonnenförmiger Brust und muskulösem Hals. Auch seine Beine waren groß und kräftig. Dagegen erschienen die Arme winzig, waren aber immerhin einen Meter lang und sehr stark.

Lebensraum
Offene Wälder, Ebenen und bewaldete Flusstäler bildeten den Lebensraum des Tyrannosaurus.

Nachwuchs
Ein frisch geschlüpftes Küken war truthahngroß und möglicherweise mit einem Federflaum bedeckt, den es mit zunehmendem Alter verlor. Im Vergleich zum erwachsenen Tier hatte ein Jungtier relativ lange Arme. Mit 15 bis 18 Jahren war Tyrannosaurus geschlechtsreif.

Nahrung
Der Raubsaurier wuchs im Alter von 14 bis 20 Jahren rasant und musste riesige Mengen Fleisch zu sich nehmen, um seinen Energiebedarf zu decken. Beutetiere waren große Pflanzenfresser, etwa Triceratops.

SPEZIALSCHÄDEL

Der bis zu 1,5 Meter lange Schädelknochen des Tyrannosaurus bestand aus vielen Einzelteilen, die sich unabhängig voneinander bewegen konnten. So war die Schnauze beweglicher als bei allen anderen Landwirbeltieren. Tyrannosaurus hatte einen hervorragenden Sehsinn mit nach vorn gerichteten Augen für eine bessere Tiefenwahrnehmung (wie bei Löwen oder Greifvögeln).

SCHWERGEWICHT

Lange galt der „T-rex" als das größte Landraubtier aller Zeiten. Das vor Kurzem untersuchte Skelett eines „Scotty" genannten Tyrannosaurus zeigt, dass er sogar noch massiger und schwerer werden konnte als bislang angenommen. Aber zumindest in der Länge haben ihm Giganotosaurus, Spinosaurus und Carcharodontosaurus seinen Rang inzwischen abgelaufen.

MULTIFUNKTIONSGEBISS

Die Zähne des Tyrannosaurus waren bis zu 30 Zentimeter lang und damit die längsten aller fleischfressenden Dinosaurier, die bis heute gefunden wurden. Die Vorderzähne packten die Beute, die seitlichen Zähne zerteilten das Fleisch und die hinteren beförderten die Stücke in den Rachen. Tyrannosaurus konnte sogar Knochen zerbeißen und verdauen. Seine Kiefer hatten eine Beißkraft von 3500 Kilogramm – das entspricht dem Gewicht eines Wohnmobils! Damit besaß Tyrannosaurus die stärkste Beißkraft im Tierreich.

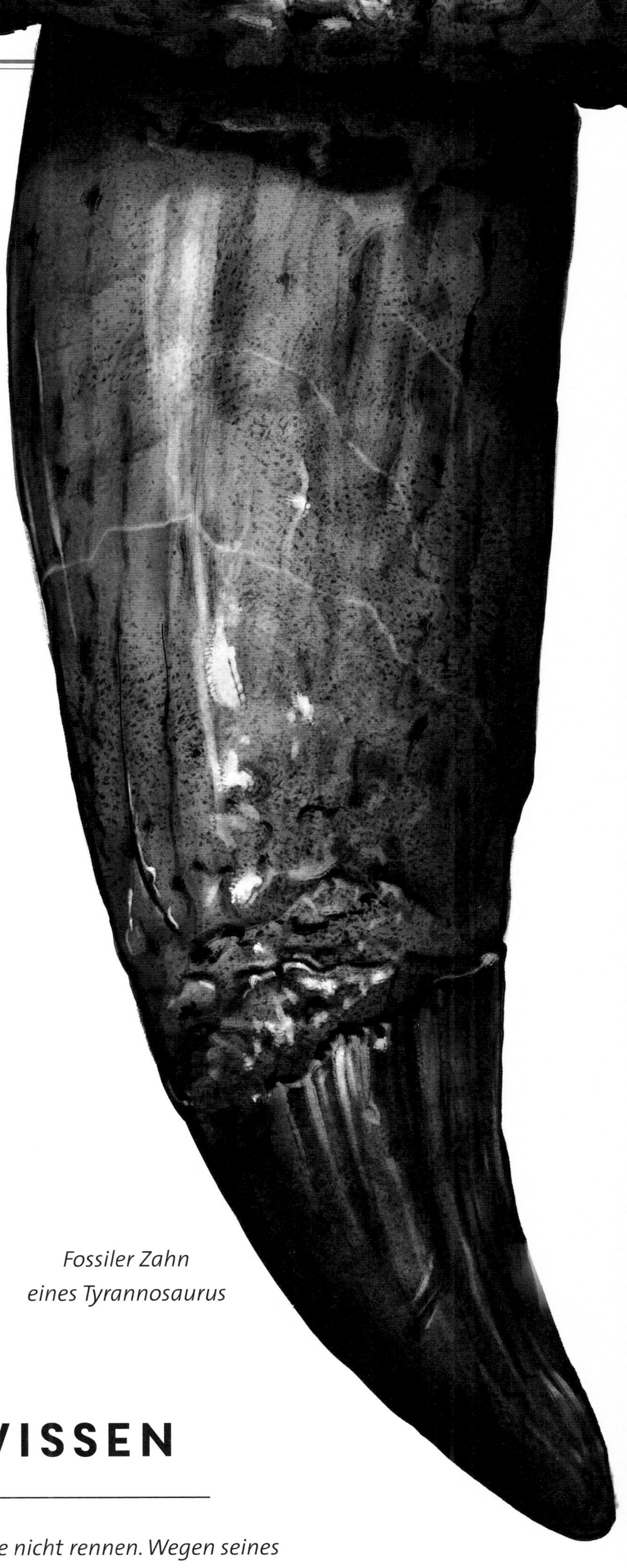

Fossiler Zahn eines Tyrannosaurus

SPEZIALWISSEN

Ein erwachsener Tyrannosaurus konnte nicht rennen. Wegen seines hohen Gewichts musste immer ein Bein den Boden berühren. Weil seine Beine sehr lang waren, konnte Tyrannosaurus jedoch besonders schnell gehen. Manche Forscher trauen ihm eine Geschwindigkeit von 20 bis 50 Kilometern pro Stunde zu.

MICRORAPTOR gui

Kleiner Räuber

STECKBRIEF

Microraptor in Zahlen
Länge: 77 cm
Spannweite: über 40 cm
Gewicht: 1 kg
Zeit: Unterkreide, vor 125 bis 122 Mio. Jahren
Fundort: China, Asien

Aussehen
Microraptor war ein etwa falkengroßer Dinosaurier mit Schwingen an Armen und Beinen. Sein Schwanz war lang und prächtig gefiedert. Wie Deinonychus hatte auch Microraptor eine vergrößerte Sichelkralle an den Füßen.

Lebensraum
Microraptor wurde in der Jiufotang-Formation in China gefunden. Die Region war sumpfig mit vielen Bäumen, zum Beispiel Ginkgos und Eiben. Aber auch Meerträubel und Schachtelhalme wuchsen dort.

Nahrung
Microraptor war – wie alle Dromaeosauriden – ein Fleischfresser, der kleinere Säugetiere, Fische, Reptilien, Insekten und womöglich Dinosaurierküken jagte. Er verschluckte seine Beutetiere als Ganzes, mit dem Kopf voran.

Verhalten
Der flinke, bewegliche Jäger konnte mit seinen Schwingen fliegen oder zumindest gleiten. Seine scharfen Krallen machten ihn möglicherweise zu einem guten Kletterer, der sich wahrscheinlich oft auf Bäumen aufhielt.

WIE EIN RABE

Microraptor war einer der wenigen Dinosaurier, von dem bekannt ist, welche Farbe sein Gefieder hatte. Forscher fanden heraus, dass die Tiere schwarz irisierend waren wie Raben oder Stare. Je nach Lichteinfall schimmerten sie in unterschiedlichen Blau- oder Grüntönen.

WIE EINE LIBELLE

Ungewöhnlicherweise hatte Microraptor nicht nur zwei Schwingen wie heutige Vögel, sondern vier wie Libellen. Richtig fliegen konnte er vermutlich nicht. Wissenschaftler gehen davon aus, dass er auf Bäume kletterte und von dort aus einen Gleitflug startete oder sich auf seine Beutetiere hinabstürzte.

SPEZIALWISSEN

Um mehr über die Flugeigenschaften von Microraptor und anderen Dinosauriern mit Schwingen herauszufinden, bauen Wissenschaftler Modelle der Tiere und testen sie im Windkanal.

EUOPLOCEPHALUS

tutus

Gut gepanzerter Kopf

Raimund Frey

EUOPLOCEPHALUS tutus

Gut gepanzerter Kopf

STECKBRIEF

Euoplocephalus in Zahlen
Länge: 7 m
Gewicht: 2 t
Zeit: Oberkreide, vor 76 bis 75 Mio. Jahren
Fundort: Nordamerika

Aussehen
Euoplocephalus, ein Ankylosaurier, lief auf vier Beinen. Sein Rücken war stark gepanzert und mit Stacheln bedeckt. Der Schwanz trug eine keulenartige Verdickung am Ende.

Lebensraum
Euoplocephalus lebte in Gegenden mit trockenem, wüstenhaftem Klima.

Nahrung
Wie alle Ankylosaurier war Euoplocephalus ein Pflanzenfresser. Mit seiner gedrungenen Statur „mähte" er niedrig wachsende Farne und Blätter ab. Sein Verdauungstrakt war an viele verschiedene Pflanzen gewöhnt.

Verhalten
Forscher vermuten, dass Euoplocephalus einzeln oder in losen Verbänden von mehreren Tieren lebte. Wurde er angegriffen, setzte er sich mit seiner Schwanzkeule zur Wehr.

Auge des Euoplocephalus mit gepanzertem Lid

SCHÄDEL

Der Kopf des Euoplocephalus war breiter als lang und wie der Körper stark gepanzert. Seine verstärkten Augenlider konnte Euoplocephalus wie ein Visier zuklappen. Sein Schädelknochen war extrem stabil und mit zahlreichen Luftkanälen durchzogen. Hinten am Kopf trug er oben und unten jeweils zwei kurze Hörner. Mit dem sehr breiten, scharfkantigen Schnabel konnte er harte Pflanzenteile „abschneiden".

PANZER

Rücken und Flanken des Euoplocephalus waren mit dicken Panzerplatten, sogenannten „Osteodermen", geschützt. Sie liefen in Reihen den Körper entlang und bildeten eine stabile Rüstung. Die war flexibel und schränkte das Tier nicht in seiner Beweglichkeit ein. Außerdem war sie mit Stacheln besetzt, die zusätzlichen Schutz vor hungrigen Raubsauriern boten.

ZÄHNE

Euoplocephalus besaß im Ober- und Unterkiefer recht kleine Zähne. Sie waren wie gezackte Blätter geformt und zerkleinerten die Nahrung mit verschiedenen Bewegungen. Eine harte Gaumenplatte im Oberkiefer erlaubte es Euoplocephalus, beim Kauen zu atmen.

KEULE

Das bekannteste Merkmal der Ankylosaurier war ihre „Keule". Der hintere Teil des Schwanzes war verknöchert und steif. Am Ende saß ein gewaltiger Knochenklumpen, der wie ein Hammer hin und her geschwungen werden konnte. Möglicherweise wurde diese Waffe gegen Artgenossen bei Revierkämpfen eingesetzt. Hauptsächlich aber diente sie zur Verteidigung gegen Feinde. Ein Treffer mit der schweren Keule konnte den Beinknochen eines Raubsauriers zertrümmern.

SPEZIALWISSEN

Euoplocephalus war mit seinen zwei Tonnen Gewicht schwerer als ein Auto. Seine Schwanzkeule wog etwa 20 Kilogramm, also mehr als ein fünfjähriges Kind. Damit gilt er als Leichtgewicht unter den Ankylosauriern. Andere brachten viermal so viel auf die Waage.

TRICERATOPS prorsus
Dreihorngesicht

TRICERATOPS prorsus

Dreihorngesicht

STECKBRIEF

Triceratops in Zahlen
Länge: 9 m
Gewicht: 6 bis 12 t
Zeit: Oberkreide, vor 67 bis 65 Mio. Jahren
Fundort: Nordamerika

Aussehen
Triceratops war ein vierbeiniger Ornithischier. Sein Name leitet sich von seinen drei Hörnern ab: zwei lange Hörner über den Augenbrauen und ein kurzes Horn auf der Nase.

Lebensraum
Der massige Dinosaurier durchstreifte flache, von Flüssen durchzogene Ebenen und Waldgebiete mit vielen verschiedenen Pflanzenarten, etwa Koniferen, Palmen und Cycadeen.

Nahrung
Mit seinem Hornschnabel und seinen kräftigen Kaumuskeln konnte Triceratops harte Pflanzennahrung zerkleinern. Wenn seine Zähne abgenutzt waren, wuchsen neue nach. Im Laufe seines Lebens waren so bis zu 800 Zähne im Einsatz.

Verhalten
Oft wird Triceratops als Herdentier wie der heutige Bison dargestellt. Tatsächlich wurden jedoch nie mehr als die Skelette dreier Individuen an einer Fundstelle entdeckt. Möglicherweise waren die Tiere also auch allein oder in kleineren Familien oder Gruppen unterwegs.

Nachwuchs
Die Jungtiere hatten winzige Hörner und Nackenschilde sowie kürzere Schnauzen als die erwachsenen Tiere. Mit einem Jahr waren sie knapp einen Meter lang.

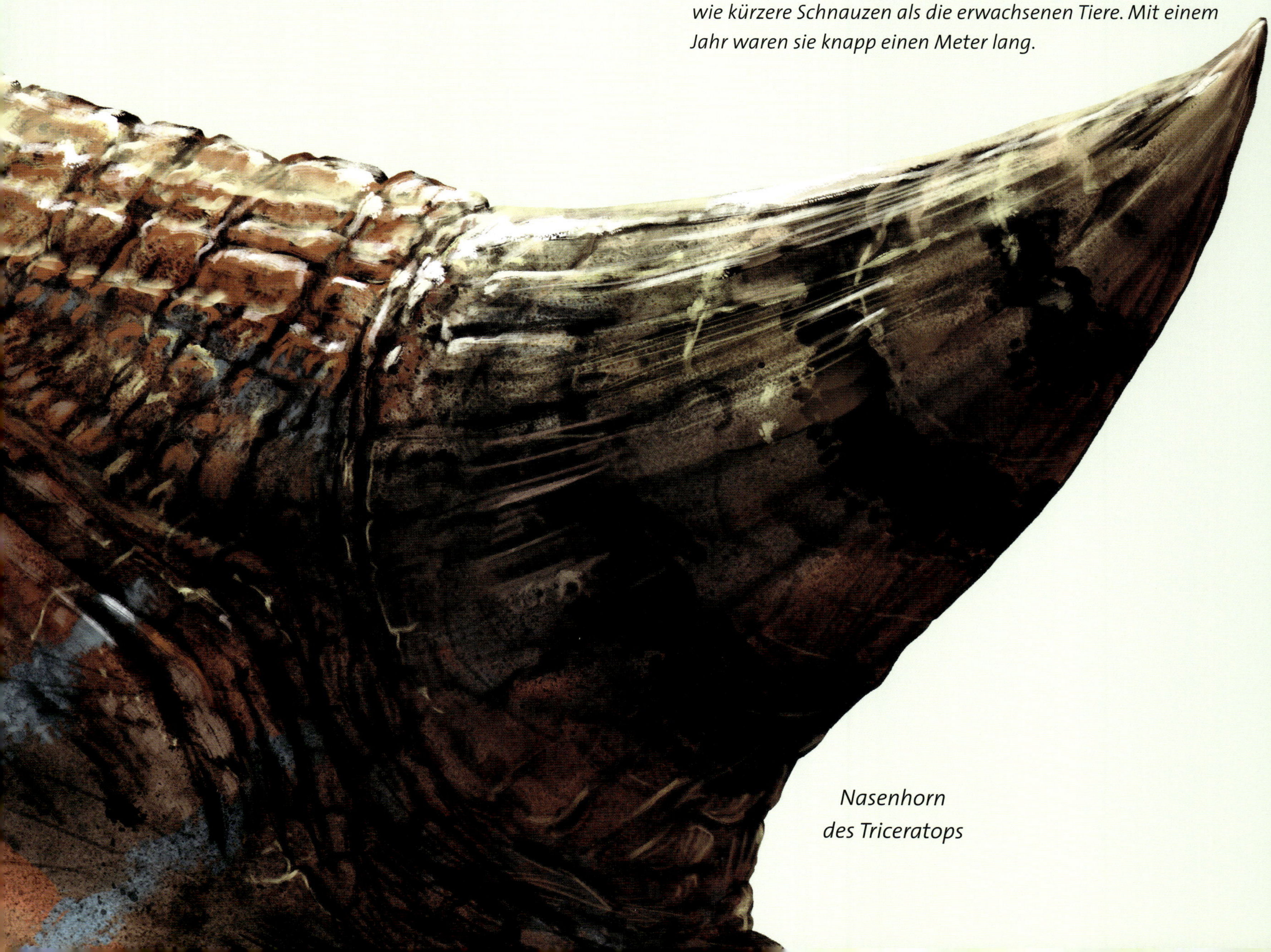

Nasenhorn des Triceratops

SPEZIALWISSEN

Aus Keratin, dem Material, das Hörner und Nackenschild von Triceratops überzog, bestehen auch Schnäbel, Schuppen, Federn und Hörner heutiger Tiere sowie Haare und Fingernägel von Menschen.

RIESIG

Die Hörner des Triceratops – über einen Meter lang – bestanden aus einem Knochenzapfen am Schädel und einem Keratinüberzug. Bei jungen Tieren ragten sie nach oben, bei älteren waren sie nach vorn gerichtet. Die Hörner kamen zur Verteidigung gegen Raubsaurier, etwa Tyrannosaurus, aber vor allem in Revierkämpfen mit Artgenossen zum Einsatz.

GEWALTIG

Der Schädel des Triceratops gehört zu den gewaltigsten im Tierreich und konnte bis zu 2,5 Meter lang werden. Möglicherweise war er – wie die Hörner – komplett mit Keratin bedeckt. Der riesige scharfe Schnabel war wie der eines Papageis geformt und konnte harte Pflanzenteile „abmähen". Beim Kauen halfen extrem starke Kiefermuskeln.

ZACKIG

Typisch für Triceratops war auch sein in jungen Jahren von Hornzacken umrandeter Nackenschild. Wahrscheinlich diente er als Gegengewicht zu seinem mächtigen Kopf und zu den Hörnern. Wissenschaftler vermuten, dass er kräftig gefärbt und daher wichtig für die Partnerwerbung, bei Revierkämpfen und zur Abschreckung von Feinden war.

NARBIG

Kämpfe zwischen Triceratops und Tyrannosaurus sind legendär. Immer wieder faszinieren sie in Filmen und Büchern. Vermutlich fanden sie nicht alltäglich statt. Allerdings zeigen einige Triceratops-Fossilien Spuren von abgebissenen Hörnern und massiven Verletzungen bis auf die Knochen: Beweise für das Aufeinandertreffen dieser Giganten.

HETERODONTOSAURUS tucki

Echse mit verschiedenartigen Zähnen

STECKBRIEF

Heterodontosaurus in Zahlen
Länge: 100 bis 175 cm
Höhe: 50 cm
Gewicht: 2 bis 10 kg
Zeit: Unterjura, vor 200 bis 190 Mio. Jahren
Fundort: Südafrika

Aussehen
Der Körper des kleinen Dinosauriers mit dem dreieckigen Kopf, dem kurzen Rumpf und dem langen, biegsamen Schwanz war möglicherweise mit federkielartigen Stacheln bedeckt.

Lebensraum
Zu Lebzeiten des Heterodontosaurus herrschte im heutigen Südafrika ein wüstenartiges Klima.

Nahrung
Wissenschaftler vermuten, dass Heterodontosaurus ein Pflanzen- oder Allesfresser war. Auf seinem Speisezettel standen überwiegend Pflanzen. Denkbar ist aber, dass er sich gelegentlich auch kleinere Tiere schmecken ließ.

Verhalten
Über die Lebensweise des Heterodontosaurus ist wenig bekannt. Forscher gehen davon aus, dass er in Gruppen lebte und die Gesellschaft von Artgenossen suchte.

RÄTSELHAFT

Vorn am Kiefer saß ein Hornschnabel, ähnlich wie bei Schildkröten. Im Maul hatte Heterodontosaurus drei verschiedene Zahnarten: Schneidezähne zum Abbeißen von Pflanzen, Mahlzähne zum Kauen sowie lange Hauer, die den Forschern noch Rätsel aufgeben. Vielleicht nutzte der Dinosaurier sie gelegentlich zur Jagd. Möglicherweise wühlte er damit aber auch im harten Boden oder in Termitenhügeln.

ROBUST

Die Vordergliedmaßen waren nur etwas kürzer als die Hinterbeine und sehr robust. Die Hände, fast so groß wie die eines Menschen, hatten fünf Finger. Mit ihnen konnte Heterodontosaurus schmackhafte Pflanzen zu sich heranziehen und sich seinen Weg durchs dichte Unterholz bahnen.

SPEZIALWISSEN

Hauer sind überwiegend bei Raubtieren anzutreffen. Sie brauchen die großen Zähne für die Jagd. Aber auch einige Pflanzenfresser, etwa Hirsche, tragen Hauer in ihrem Maul, um sie bei Revierkämpfen einzusetzen.

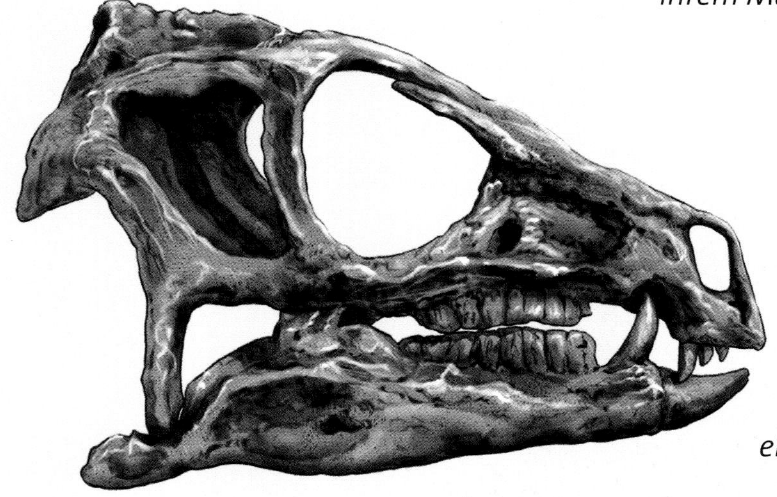

Fossiler Schädel eines Heterodontosaurus

BRACHIOSAURUS altithorax

Armechse

BRACHIOSAURUS altithorax

Armechse

STECKBRIEF

Brachiosaurus in Zahlen
Länge: 25 bis 27 m
Höhe: 13 m
Gewicht: 28 bis 58 t
Zeit: Oberjura, vor 154 bis 153 Mio. Jahren
Fundort: Nordamerika

Aussehen
Wie alle Sauropoden hatte Brachiosaurus einen extrem langen Hals und säulenartige Beine. Der Schwanz war dagegen vergleichsweise kurz. Der Name „Brachiosaurus" leitet sich vom lateinischen „brachium" ab, was „Arm" bedeutet und auf die Vorderbeine hinweist, die länger als die Hinterbeine waren.

Lebensraum
Der riesige Dinosaurier bevorzugte weite, flussnahe Ebenen sowie Waldniederungen mit hohen Bäumen und vielen Grünpflanzen.

Nahrung
Als Pflanzenfresser zupfte Brachiosaurus mit seinen Zähnen Laub und Nadeln von Zweigen ab – bis zu 400 Kilogramm am Tag.

Verhalten
Brachiosaurus lebte in Herden, die auf der Suche nach Nahrung umherzogen. Die erwachsenen Tiere beschützten die Jungtiere vor Raubsauriern.

HALSMUSKELN

Oft wird der Hals von Brachiosaurus sehr dünn und hoch erhoben dargestellt. Einige Paläontologen vermuten dagegen, dass er waagerecht gehalten wurde. Die am weitesten verbreitete Ansicht ist jedoch, dass er flexibel war und verschiedene Positionen ermöglichte. Wahrscheinlich war der Hals auch nicht dünn, sondern mit dicken Muskeln und Gewebe „gepolstert".

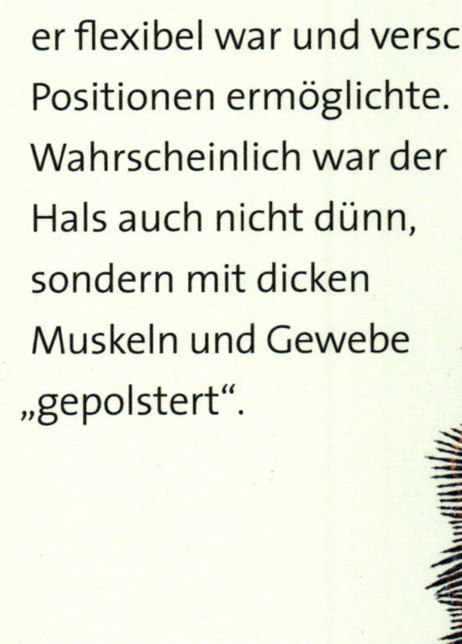

SPEZIALWISSEN

Brachiosaurus war Schätzungen zufolge mindestens so lang und schwer wie zwei hintereinanderstehende Reisebusse. Würde er heute leben, könnte er mühelos ins Fenster einer Wohnung im vierten Stock schauen.

NASENLÖCHER

Früher gingen Forscher davon aus, dass Brachiosaurus seine Nasenlöcher hoch oben auf der Stirn trug. Vermutlich saßen sie jedoch vorn an seiner Schnauze wie bei den meisten Tieren. Auch die Idee einiger Paläontologen, dass der stattliche Dinosaurier einen Rüssel wie ein Elefant gehabt haben könnte, gilt mittlerweile als widerlegt. Vielmehr sind Wissenschaftler heute davon überzeugt, dass Brachiosaurus so etwas wie eine Hornscheide besaß, die seine Zähne umschloss – ähnlich wie bei heutigen Vögeln.

MAGENSTEINE

Weil Brachiosaurus mit seinen löffelartigen Zähnen nicht kauen konnte, schluckte er Magensteine, sogenannte „Gastrolithen", die beim Zerkleinern harter Pflanzenfasern halfen.

HAUTFALTEN

Der lange Hals des Brachiosaurus spielte vermutlich auch eine Rolle bei der Partnersuche sowie bei der Abschreckung von Räubern. Möglicherweise waren Brachiosaurus und seine Verwandten mit farbenfrohen Wammen (Hautfalten mit Fettgewebe), aufblasbaren Kehlsäcken, Stachelkränzen oder anderen beeindruckenden Merkmalen ausgestattet.

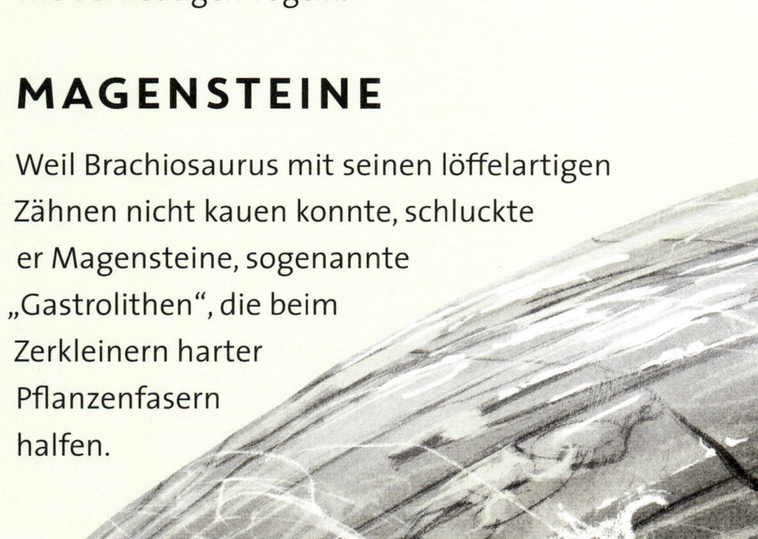

Zeh des Brachiosaurus

DILOPHOSAURUS **wetherilli**

Doppelkammechse

Raimund Frey '20

DILOPHOSAURUS wetherilli

Doppelkammechse

STECKBRIEF

Dilophosaurus in Zahlen
Länge: 7 m
Gewicht: 750 kg
Zeit: Unterjura, vor 193 Mio. Jahren
Fundort: Nordamerika

Aussehen
Dilophosaurus war einer der ersten großen Raubsaurier. Er besaß einen biegsamen Hals, einen kräftigen Körperbau und einen Schädel, der von zwei Kämmen gekrönt war. Arme und Beine waren muskulös und mit sehr scharfen Krallen ausgestattet. Möglicherweise hatte Dilophosaurus Protofedern.

Lebensraum
Wissenschaftler gehen davon aus, dass Dilophosaurus durch ähnliche Lebensräume wanderte wie heutige Braunbären. Er lebte in vegetationsreichen Gebieten am Rande von großen Gewässern.

Nahrung
Dilophosaurus war ein mächtiger Fleischfresser, der auch große Dinosaurier wie Sarahsaurier erlegte.

Verhalten
Ob Dilophosaurus allein oder in Gruppen lebte, ist nicht bekannt. Einer fossilen Fährte zufolge war es ihm möglich, in einer Hockstellung zu ruhen, ähnlich wie die heutigen Strauße. Fossile Knochen mit zahlreichen überlebten Verletzungen und Krankheiten zeigen, dass Dilophosaurus hart im Nehmen gewesen sein muss.

SPEZIALWISSEN

Immer wieder wird Dilophosaurus mit einer Halskrause und giftspuckend gezeigt. Diese Darstellung geht auf den Film „Jurassic Park" von 1993 zurück. Die Filmemacher haben sich künstlerische Freiheiten erlaubt, die andere übernommen haben. Beweise für Giftigkeit und Halskrause gibt es nicht.

RÄUBER

Dilophosaurus hatte hohle, sehr leichte Wirbel, was ihn zu einem schnellen Läufer und guten Schwimmer machte. Seine Kieferknochen mit den langen Zähnen bildeten das Gerüst für sehr starke Muskeln. Sogar große Pflanzenfresser konnte Dilophosaurus überwältigen. Möglicherweise jagte er auch wie ein riesiger Reiher in Flüssen nach großen Fischen.

KÖNIG

Markenzeichen des Dilophosaurus war sein Doppelkamm, der wie eine Krone auf seinem Kopf thronte. Früher dachte man, der Kamm sei leicht und empfindlich gewesen. Neueste Erkenntnisse zeigen aber, dass er groß, dick und stabil war, vergleichbar mit Kämmen von Nashornvögeln und Kasuaren. Vielleicht diente er der Hitzeregulierung, ermöglichte laute Schreie oder war zur Partnerwerbung prächtig gefärbt.

LUFTIKUS?

Forscher stellten fest, dass einige Knochen und auch der Kamm des Dilophosaurus von zahlreichen winzigen Lufttaschen durchzogen waren. Wie Luftpolsterfolie schützten sie die Knochen und sorgten dafür, dass sie leicht und gleichzeitig stabil waren. Ohne Luftkammern hätte Dilophosaurus nicht so groß werden können.

Hand des Dilophosaurus

CLAQUEUR?

Wie die heutigen Vögel konnte Dilophosaurus seine Handflächen nicht nach innen oder außen bewegen. Generell geht man davon aus, dass die Handflächen der Theropoden nicht nach unten zeigten, wie es auf vielen Bildern dargestellt wird, sondern zueinander, als würden sie klatschen.

GLOSSAR

Ankylosaurier bedeutet „Krumme Echsen" und beschreibt eine Gruppe vierbeiniger, pflanzenfressender Dinosaurier. Ihr gemeinsames Merkmal ist eine starke Panzerung aus Knochenplatten. Viele Ankylosaurier trugen zusätzlich Stacheln an Rücken und Flanken und eine knöcherne Kugel am Schwanzende. Bekannte Ankylosaurier sind Edmontonia, Euoplocephalus und der Namensgeber der Gruppe, Ankylosaurus.

Archipel bezeichnet heute allgemein eine Inselgruppe im Meer und das Gewässer dazwischen. Im Altertum war speziell die Inselwelt im Ägäischen Meer zwischen Griechenland und Kleinasien gemeint.

Carnivoren (auch: Karnivoren), umgangssprachlich „Fleischfresser". Damit sind Tiere, Pflanzen und Pilze gemeint, die sich hauptsächlich von Fleisch ernähren.

Ceratopsier bedeutet „Horngesichter" und bezeichnet eine Gruppe pflanzenfressender, vierbeiniger Dinosaurier, die zum Ende der Kreidezeit lebte und eine große Artenvielfalt erreichte. Viele Ceratopsier wurden groß und massig. Ihre hervorstechendsten Merkmale waren unterschiedliche Hörner, Knochenwülste an Augen und Schnauze sowie ein imposanter Nackenschild. Bekannte Ceratopsier sind Triceratops, Styracosaurus und Pachyrhinosaurus.

Dromaeosauriden sind eine Gruppe von kleinen, zweibeinigen Dinosauriern innerhalb der Raubsaurier. Charakteristisch sind die Sichelkralle an den Füßen und die versteiften Schwanzknochen. Bei fast allen Funden gibt es Hinweise darauf, dass die Tiere gefiedert waren, einige, etwa Microraptor, konnten fliegen. Manche Dromaeosauriden verfügten womöglich über einen giftigen Biss wie die heutigen Komodowarane. Bekannteste Vertreter sind Velociraptor, Deinonychus und Utahraptor. Aus den Dromaeosauriden sind unsere heutigen Vögel hervorgegangen.

Fossil vom lateinischen „fossilis" (= „ausgegraben") bezeichnet alle Hinweise auf vergangenes Leben der Erdgeschichte, die älter als 10 000 Jahre sind. Unter den Begriff fallen nicht nur „Körperfossilien" wie erhaltene Knochen, Stängel und andere Teile von Tieren und Pflanzen, sondern auch „Spurenfossilien", zum Beispiel Fußabdrücke, Eierschalen und Exkremente. Fossilien gibt es in Form von Versteinerungen, Mumifizierungen in Eis und Einschlüssen in Bernstein.

Geologische Formationen sind Gesteinseinheiten, die aus einer oder mehreren bestimmten Gesteinsschichten bestehen. Zu den bekannten Formationen mit Fossilien von Dinosauriern zählen die Hell-Creek-Formation und die riesige Morrison-Formation in Nordamerika, die Ischigualasto-Formation in Südamerika, die Elliot-Formation in Südafrika, die Yixian-Formation in Asien und der Solnhofener Plattenkalk in Deutschland.

Eine **Gruppe** oder ein **Taxon** fasst Lebewesen mit gemeinsamen Merkmalen zusammen. Dabei gibt es verschiedene Bezeichnungen für Gruppenstufen wie „Familie", „Gattung" oder „Art". Beispielsweise gehört die Art „Triceratops prorsus" zur Gattung „Triceratops", die zur Familie der „Ceratopsidae" gehört.

Herbivoren sind Tiere, die sich von Pflanzen ernähren.

Mesozoikum, auch Erdmittelalter genannt, ist ein geologisches Zeitalter, das vor etwa 251,9 Millionen Jahren begann und vor rund 66 Millionen Jahren endete. Es wird in drei Perioden gegliedert: Trias, Jura und Kreide. Die Dinosaurier entwickelten sich während der Trias aus den Reptilien und starben zum Ende der Kreidezeit aus. Nur eine ihrer Gruppen, die Vögel, überlebt bis heute.

GLOSSAR

Non-avian dinosaurs/Nichtvogeldinosaurier: Heutige Vögel sind aus kleinen Raubsauriern hervorgegangen. Deshalb gehören sie bis heute zu den Dinosauriern. Allerdings werden sie – der Einfachheit halber – meist getrennt von den Dinosauriern betrachtet, die daher „non-avian dinosaurs", also „Nichtvogeldinosaurier", genannt werden.

Omnivoren sind „Allesfresser", also Tiere, deren Nahrung sowohl aus Fleisch als auch aus Pflanzen besteht.

Osteoderme, „Hautknochenplatten", kommen bei Dinosauriern, Reptilien, Amphibien sowie bei Gürteltieren als einziger Säugetiergruppe vor. Es sind knöcherne Bestandteile der Haut, die (wie der Panzer des Ankylosaurus) dem Schutz oder (wie die Schwanzstacheln des Stegosaurus) der aktiven Verteidigung dienen.

Paläontologie ist die Wissenschaft von den Fossilien, also den Lebewesen vergangener Erdzeitalter.

Protofedern sind Vorstufen von „richtigen" Federn, wie sie bei heutigen Vögeln, aber auch Dinosauriern wie Archaeopteryx vorkommen. Sie entwickelten sich bei Raubsauriern und ähnelten Haaren und Daunen. Der älteste gefundene Dinosaurier mit Protofedern ist Sinosauropteryx. Protofedern dienten unter anderem der Isolierung, sodass Dinosaurier wie Cryolophosaurus auch arktische Regionen besiedeln konnten.

Raptor ist lateinisch und heißt „Räuber" oder „Raubvogel". In der Popularkultur, ausgehend von dem Film „Jurassic Park", werden Dromaeosauriden, insbesondere der Velociraptor, als „Raptoren" bezeichnet.

Sauropoden, „Echsenfüße", sind eine Gruppe von riesigen Dinosauriern mit tonnenförmigem Körper und extrem langen Schwänzen und Hälsen. Zu den bekanntesten Sauropoden zählen Brontosaurus und der bislang größte entdeckte Dinosaurier, Patagotitan.

Theropoden, „Bestienfüße", wird eine Gruppe von zweibeinigen, meistens fleischfressenden Dinosauriern genannt. Einige Vertreter waren recht klein wie der rabengroße Microraptor. Zu den größten Theropoden gehörte Carcharodontosaurus mit einer Gesamtlänge von 15 Metern. Zu ihnen zählen auch unsere heutigen Vögel, die im Jura aus nichtflugfähigen Theropoden hervorgegangen sind.

RAIMUND FREY,

1982 in Isny/Allgäu geboren, hat schon als kleines Kind mit großer Begeisterung Tiere gezeichnet und sein Zimmer mit Dinosaurierfiguren dekoriert. Nach der Schule studierte er Kommunikationsdesign an der Fachhochschule für Gestaltung in Mainz und machte sich anschließend selbstständig.

Heute arbeitet Raimund Frey als Illustrator, Autor, Kommunikationsdesigner und Graphic Recorder für verschiedene Agenturen, Verlage und Unternehmen. Außerdem sammelt er immer noch Plastikdinos.

Freys Faszination für Tiere und insbesondere Dinosaurier spiegelt sich in seinen Bildern wider und wirkt ansteckend – sowohl für Kinder als auch Erwachsene.

5 4 3 25 24 23 22
ISBN 978-3-649-63696-0

Hafenweg 30, 48155 Münster, Germany
CH: Baumgartner Bücher AG,
Centralweg 16, 8910 Affoltern a. A.

Text und Illustration: Raimund Frey
Fachliche Beratung:
Dr. Leonie Schwermann, Paläontologin
Layout: Anne Sent
Redaktion: Susanne Tommes

www.coppenrath.de

ARCHAEOPTERYX
TRICERATOPS
SALTASAURUS
DEINONYCHUS
EUOPLOCEPHALUS
BARYONYX